La boussole de l'autoguérison - Le livre de l'autoguéri-son

Comment suivre consciemment votre voix intérieure pour éveiller peu à peu votre confiance primaire et guérir votre enfant intérieur

Marlene Nanninga

CONTENU

Ce qui vous attend dans ce livre

Vous lisez le mot "auto-guérison" et vous êtes sceptique et un peu curieux ? Votre esprit vous dit "non", mais vos tripes vous disent "si" ! C'est un petit combat intérieur pour retrouver la confiance originelle que nous avons tous perdue un peu et de plus en plus quelque part dans notre enfance, dans le système dans lequel nous avons grandi.

CONFIANCE D'URGENCE ! Laissez ce mot fondre sur votre langue. Oser, oser faire quelque chose, faire confiance à notre être primaire. La confiance en soi est une sous-catégorie de la confiance primaire. Le sentiment d'être à la hauteur de la vie et de ses exigences. Nous avons donc le sentiment d'être capable de faire face à toute situation, à tout nouveau défi, et de trouver un moyen de l'affronter. Il s'agit donc d'un sentiment fondamental. Vous êtes-vous déjà demandé pourquoi certaines choses dans ce monde vous paraissent si mauvaises et vous êtes-vous interrogé : "Est-ce que cela doit être ainsi ?", je réponds clairement : "Non". En effet, rien n'est obligatoire et vous êtes le seul à savoir exactement ce qui vous fait du bien. *Vous ne le savez pas actuellement ? Eh bien, bienvenue sur votre nouveau chemin vers vous-même. Dans ce livre, je vous donne petit à petit des pensées, des idées et des exercices que vous pouvez mettre en pratique comme vous le souhaitez. A votre rythme, avec votre couleur, avec votre goût. Tout ce que vous êtes, et si vous voulez vous réinventer, faites-le ! C'est le bon moment.*

Dans ce livre, vous trouverez une tentative de rapatriement, de rappel, de remémoration de notre, de votre confiance en soi originelle : l'une des bases d'une auto-guérison qui fonctionne. Je vous propose des méthodes, des techniques, des jeux d'esprit et vous les utilisez comme et quand vous le souhaitez. Je vous donne un cadre, vous l'illustrez. C'est comme vous voulez. Vous êtes motivé ? Vous avez envie d'un nouveau chemin pour vous retrouver ?

Retrouver la confiance, la sérénité et la sagesse intérieures ?

Eh bien, allez-y, je vous attends avec impatience !

"LA FORCE QUI A CRÉÉ LE CORPS EST AUSSI CAPABLE DE GUÉRIR LE CORPS.
DE GUERIR".
(DR. JOE DISPENZA)

Les termes

CONFIANCE ORIGINELLE & CON-FIANCE EN SOI

"La sécurité émotionnelle interne qu'un enfant développe au cours des premiers mois de sa vie".
(explication psychologique du terme)
La confiance primaire est une attitude sociale stable. La confiance en soi est une attitude stable envers ses propres capacités.

L'enfant développe donc le sentiment positif de base qu'il peut faire confiance aux gens et à lui-même, qu'ils sont bienveillants et fiables. La confiance primaire naît donc essentiellement de l'expérience positive qui correspond entre le monde et le besoin personnel.

Il convient également de mentionner la méfiance primaire qui survient naturellement lorsqu'un enfant est confronté au contraire, c'est-à-dire à l'absence de fiabilité, voire à la violence.

Le degré de confiance originelle acquise détermine le courage ou la timidité, la capacité à s'engager dans des relations et à accepter la proximité. Maintenant, je parle d'autres personnes avec lesquelles l'individu peut entrer en contact et se rapprocher, s'il a une confiance primaire saine. Mais la confiance primaire est-elle synonyme de confiance fondamentale et d'un bon lien avec soi-même ? Au moment où un enfant développe une bonne confiance primaire, il devrait également avoir développé une bonne confiance en soi. Si la base sociale est bien constituée, si les besoins sont satisfaits au bon moment avec suffisamment d'amour, l'enfant qui grandit aura une perception positive de lui-même. Or, beaucoup de choses se passent au cours de la vie et certains événements peuvent ébranler cette confiance de base. Il est alors important de travailler pour que ce sentiment de base puisse à nouveau faire partie de notre vie.

Si nous constatons, à l'adolescence ou à l'âge adulte, que nous manquons de confiance fondamentale, nous devrions d'abord nous rapprocher de nous-mêmes et apprendre à nous connaître avant de nous laisser séduire par les désirs et les besoins des autres. Nous devons donc nous retrouver avec nous-mêmes avant de pouvoir décider où et comment nous allons aller.

N'est-ce pas en fait ce que nous trouvons incroyablement difficile à l'âge adulte ? Nous travaillons, nous faisons, nous fonctionnons bien, mais quelque chose ne va pas. Et ce 'quelque chose', c'est la connexion à soi-même. Le soi vous parle. Généralement à voix très basse. Le plus souvent, c'est l'ego qui parle fort (petite astuce). Il serait hilarant que vous viviez dans un temple avec d'autres personnes qui ne communiquent pas avec vous. Et notre corps pense parfois qu'il est l'esprit. Mais il ne l'est pas. Nous avons trois piliers bien connus : Le corps, l'esprit et l'âme.

> *"Comment pouvez-vous vous guérir si vous ne savez pas qui vous êtes ?" (Kathleen Koch)*

AUTO-GUERISON

Où commence-t-elle et où s'arrête-t-elle ? Qu'en est-il de l'auto-guérison ? Est-ce que cela existe vraiment ?

Puis-je simplement toujours me guérir moi-même, quelle que soit mon alimentation, quelle que soit la quantité de travail que je fais, avec un mode de vie malsain ?
Est-il possible de claquer des doigts et de tout changer en un clin d'œil ?

Non, malheureusement pas. Mais pourquoi malheureusement, ce serait bien ennuyeux si c'était aussi simple. Le chemin vers soi-même est merveilleux, je le dis par expérience. La redécouverte de soi-même peut être pétillante et revigorante, si l'on est ouvert à cela et si l'on se concentre sur le positif.

C'est précisément là que commence l'auto-guérison. Il faut une base saine, une approche consciente de soi-même et une pensée juste et aimante pour soi-même. Si vous avez choisi un mode de vie malsain et que vous souhaitez le poursuivre, alors laissez ce livre de côté. Il ne vous aidera pas. Vous essaierez peut-être l'une ou l'autre chose, mais vous direz que cela ne fonctionne pas, et vous ferez connaître aux autres la possibilité de l'auto-guérison en raison de votre mauvaise expérience, ce qui aura une influence négative sur les autres. *L'auto-guérison est une décision.* Et celle-ci n'est pas un tour de passe-passe, elle a toujours eu un sens profond. Notre médecine occidentale comprend de plus en plus qu'il n'y a pas que les analgésiques et le traitement des symptômes, et de nombreux guérisseurs de l'ancien temps en étaient déjà conscients.

L'auto-guérison est un choix.

Choisissez de mener une vie saine pour vous et soyez attentif aux petits signes du quotidien, car ils peuvent vous indiquer très clairement ce qui n'est pas sain pour vous.

> Par conséquent, voici quelques questions auxquelles vous devez répondre le plus honnêtement et le plus précisément possible :
> • Combien de temps consacrez-vous à votre emploi ?

• Combien de temps consacrez-vous à votre famille ?

• Combien de temps consacrez-vous à une vie de famille harmonieuse ?

• Combien de temps consacrez-vous à votre ménage ?

• Combien de temps consacrez-vous à faire en sorte que votre maison, votre appartement ou votre terrain ait l'air de ce que les autres aimeraient qu'il soit ?

• Combien de temps consacrez-vous aux courses hebdomadaires ?

• Combien de temps investissez-vous dans l'achat de choses dont vous n'avez pas besoin ?

• Combien de temps consacrez-vous à regarder des choses dont vous n'avez pas besoin ?

• Combien de temps consacrez-vous à la préparation d'un repas sain ?

• Combien de temps investissez-vous pour avoir une conversation de qualité et de proximité avec votre partenaire ?

• Et quand avez-vous du temps pour vous ?

Qu'est-ce qui, dans votre vie, est un mal que votre moi veut guérir ?

Que faites-vous actuellement ? Qu'essayez-vous de construire et de détruire dans la phase actuelle de votre vie ?

• Sur quels souhaits/thèmes importants ou talents à développer souhaitez-vous vous concentrer davantage au cours de votre voyage ?

- Que pourriez-vous faire pour être plus en phase avec vos forces et vos capacités dans votre vie ?

- Quelle trace souhaitez-vous laisser lorsque votre vie s'achève ?

- Si vous ne deviez jamais travailler, que feriez-vous à la place ?

- Si vous ne deviez pas vous soucier de l'argent, que feriez-vous ?

- Lesquels de vos rêves attendent depuis long-temps d'être réalisés ?

- Qu'est-ce qui vous motive ?

- Citez des choses dont vous êtes fier.

- Citez des personnes et des choses qui vous inspirent.

- Si vous aviez plus de courage, que feriez-vous ?

- A quoi aimeriez-vous passer plus de temps ?

- Quelles sont les choses qui vous rassurent ?

- Qu'est-ce qui est important pour vous dans une relation ?

- Si vous avez une douleur, où se situe-t-elle exactement ?

- Quel organe se cache derrière ? Quel pourrait être le sujet ? PAR EXEMPLE: : Estomac = ulcère

= aigreur + ne pas pouvoir dire ce qu'on pense/se sentir à la merci de quelqu'un

Ouf, beaucoup de questions, pensez-vous, n'est-ce pas ? Parfois, la réponse est difficile, parfois elle est facile, et je peux vous dire que c'est tout à fait normal. L'auto-guérison est, comme vous pouvez l'imaginer, un processus intérieur. Ce processus nécessite de la patience, de la confiance, du dévouement et de la gratitude.

Dans ce qui suit, je vous confie une histoire vraie de ma vie et peut-être vous encouragera-t-elle à poursuivre ce chemin pas à pas et à faire face à la méfiance qui s'est probablement beaucoup développée avec votre temps de vie.

Il est tout à fait sain d'être sceptique vis-à-vis des autres. Toutes les personnes que nous rencontrons ne sont pas honnêtes avec nous. Examinez attentivement et écoutez, mais ne perdez pas confiance en vous. Ce n'est pas parce que quelqu'un ne vous a pas traité comme vous l'auriez souhaité que vous devez vous punir toute votre vie en ne vous faisant plus confiance. Reconstruisez donc une bonne base avec vous-même. Cela m'a beaucoup aidé. Maintenant, je vais vous raconter mon histoire personnelle.

Ce dont vous vous êtes toujours douté : Cela fonctionne.

ET SOUDAIN, IL ETAIT DE RETOUR : MON PORTIER D'ESTOMAC (UNE HISTOIRE VRAIE)

Depuis mon enfance, je souffrais de fortes douleurs à l'estomac, voire de crampes d'estomac, à tel point que le médecin d'urgence devait même venir me faire une piqûre de temps en temps : J'avais un ulcère gastrique. Et cet ulcère gastrique est resté pendant de nombreuses années, puis on l'a appelé gastrite chronique et on a pensé que je devais vivre avec. Cette gastrite chronique a fait qu'à un moment donné, je n'avais plus d'estomac et à chaque fois que je faisais un mouvement vers le bas, la tête en bas, je recevais cet acide gastrique dans ma bouche. C'était horrible. C'était misérable, ce n'était vraiment plus du tout agréable. Et j'étais jeune et je n'avais pas du tout envie de vivre avec ça, parce que j'adorais m'entraîner aux barres asymétriques. Mais ... je n'étais plus un enfant et je n'étais plus exposé à tout ce que je devais avaler quand j'étais enfant. Cette rancœur que je devais avaler chaque jour, cette injustice, ces intrigues, ce sentiment stupide d'être à la merci de tout cela et de ne rien pouvoir faire. Mieux vaut se taire, me disais-je enfant, car j'ai dû faire l'expérience que si l'on ne se tait pas, on ne reçoit pas d'applaudissements pour cela, mais des coups. C'était horrible et à un moment donné, à 19 ans, j'ai compris que j'étais encore en vie et que je pouvais tout faire ! J'ai donc décidé de mener une expérience sur moi-même. J'ai encadré cette expérience dans le temps et lui ai donné une année complète. Mon objectif : MON PRODUCTEUR D'ANIMAUX !

J'ai commencé à m'intéresser très tôt à des sujets plus vastes. J'ai commencé à m'intéresser aux autres religions à 11 ans. J'ai été baptisé dans la religion catholique. J'ai découvert le yoga et la méditation et je me suis intéressée au cancer et aux raisons pour lesquelles le cancer apparaît et disparaît. J'ai acheté un livre de Louise L. Hay sur les affirmations. Bien sûr, les affirmations ne fonctionnent pas si vous ne changez pas votre situation et votre vie pour qu'elle soit saine pour vous. Le simple fait de se dire que tout va bien quand rien ne va ne fonctionne pas. Nous devrions tous en être conscients. Il est donc important de regarder attentivement pourquoi nous réagissons à quelque chose et pourquoi une maladie nous a frappés.

NOTRE CORPS VEUT TOUJOURS NOUS PARLER ! Soyez toujours conscient de cela.

Il fait des signes. Des grains de beauté apparaissent, des tiraillements se font régulièrement sentir quelque part, vous remarquez toujours quelque chose - ECOUTEZ ! Il serait tout de même insensé de vivre dans un temple vivant qui ne communiquerait PAS avec nous. N'est-ce pas ?

J'ai donc décidé d'écouter mon corps, d'être à l'écoute de mon corps. J'ai acheté un livre sur les organes, sur la structure de notre corps et j'ai recommencé à ressentir et à créer de petites *méditations lumineuses*. Au début, j'imaginais généralement une lumière claire (de guérison) qui traversait mon corps. J'imaginais la lumière de guérison comme une sorte de cascade qui me traversait de la tête jusqu'aux pieds, emportant avec elle tout le poids que je portais dans le sol. Je me suis donc soulagé et c'était un processus intérieur sacré de guérison de mon moi et cela m'a ramené à moi-même. J'ai donc continué à m'allonger deux fois par jour et j'ai imaginé concrètement que mon pylore recommençait à se réveiller. J'ai fait cela pendant une année entière. Et je me sentais de mieux en mieux, de plus en plus léger, de moins en moins d'acide remontait dans ma gorge et soudain je pouvais me pencher sans que cet acide ne mouille ma bouche.

Je suis donc retourné chez le médecin pour passer une gastroscopie et le revoilà : ma gastro-entérite !

J'ai donc pu en faire moi-même l'expérience il y a plus de 15 ans à l'aide de mon anneau gastrique et j'ai vécu depuis de nombreux petits miracles. Bien sûr, il y a beaucoup de sceptiques, de jaloux et de gens qui ne vous laisseront pas guérir, simplement parce que vous n'aurez plus envie de passer votre temps précieux avec des gens qui vous disent que la vie est belle.

Prenez conscience que cette décision va changer votre vie.
Une fois que vous avez pu constater qu'avec de l'amour, de la patience et de la visualisation, beaucoup de choses sont possibles, votre horizon

s'élargira à long terme et vous ne regarderez plus vers le bord de l'assiette, vous regarderez au-delà. Ou peut-être que vous n'aurez plus besoin d'assiette du tout. Qu'en pensez-vous ? Comment cela vous semble-t-il ? Incroyablement bien ? Incroyablement bon ? Légèrement ? Faites à nouveau attention à la perception de votre corps. Quelque chose s'agite-t-il ? Quelque chose se réjouit-il ? Quelque chose est excité ? Est-ce que quelque chose a peur ?

Tous les sentiments et toutes les émotions sont autorisés. C'est important. Acceptez-le simplement, comme je l'ai accepté, et devenez explorateur de vous-même. Regardez avec curiosité ce qui se passe en vous. Laissez-le pétiller entre vous et soyez votre meilleur ami, parce que le corps, l'esprit et l'âme partagent une maison, il est avantageux d'être le meilleur ami de ce lieu. Appelons cet endroit : le temple. Ou avez-vous une autre belle idée ? Écrivez-la !

Pourquoi je vous raconte mon histoire personnelle ? Parce que je peux le faire et parce que je veux que vous le fassiez aussi. Croyez en vous, rapprochez-vous de vous-même et soyez votre meilleur ami. Faites ce que vous avez toujours voulu faire. Faites-vous du bien. Ayez de bonnes pensées, soyez gentil avec votre corps et prenez soin de vous. Je vous invite ici à partir à la découverte de vous-même. Et savez-vous ce que j'ai compris grâce à cette expérience ? J'ai compris que l'auto-efficacité est une partie vraiment importante de nous-mêmes. Lorsque nous croyons nous-mêmes que nous sommes suffisamment compétents pour mener à bien une action souhaitée par nous-mêmes, cela crée de nouvelles voies et de nouveaux mondes.

C'est bien connu, la foi déplace des montagnes. N'est-ce pas ?

> "Si je suis capable de mon esprit, je suis aussi capable de me guérir moi-même". Dieter Broers

Bienvenue dans votre voyage vers vous-même. Nous sommes heureux que vous ayez choisi de faire ce voyage.

Vous avez éteint votre téléphone portable, décidé d'être seul et de vous remettre en question ? Vous ne pouvez pas être dérangé en ce moment parce que vous avez tout fait pour créer un espace protégé pour vous-même ? Pas encore ? Faites-le maintenant !

Créez toujours une heure d'espace pour vous dans votre vie quotidienne, de préférence le matin ou/et le soir. Ou voyagez avec vous-même un week-end dans un autre endroit, de temps en temps, pour pouvoir être avec vous-même et être ce que vous êtes, jusqu'à ce que vous ayez découvert qui vous êtes. Vous ne savez pas encore qui vous êtes ? Vous le découvrirez pas à pas, au cours de votre voyage vers vous-même.

Vous êtes en sécurité et protégé.
Vous avez tout ce dont vous avez besoin en ce moment.
Vous ne recevez que des tâches que vous pouvez réellement résoudre.

Soyez sûr d'avoir l'opportunité dont vous avez besoin et rendez-vous service en vous manipulant moins.

Au cours de ce voyage, votre corps frappera de temps en temps et vous fera ressentir d'anciennes envies. C'est normal, car votre corps a été conditionné émotionnellement et chimiquement pendant de nombreuses années à retomber dans des stimuli et des schémas connus depuis long-temps. C'est une sorte de sécurité. Prenez donc soin de vous comme vous prendriez soin d'un enfant qui vient de naître. Votre corps veut s'accrocher au passé et vous lui donnez un terrain sûr et des encouragements affectueux pour lui dire qu'il est bien comme il est et que ce voyage sera un voyage beau et salutaire. Vous vous sentirez endolori et ce n'est pas grave, c'est un processus très sensible pour lequel vous avez opté et vous en serez très reconnaissant, au plus tard à la fin de votre vie, lorsque vous pourrez dire : J'ai fait de mon mieux pour vivre comme je le sentais, car "la peur n'empêche pas la mort, mais elle empêche la vie", et c'est pourquoi la plupart des gens ont choisi un chemin loin d'eux-mêmes : à cause de la peur. La peur de ne pas être accepté, la peur d'être exclu, la peur de mal faire, la peur d'être faux.

Mais vous n'avez jamais eu tort, en tant qu'essence première vous connaissiez votre plan d'âme et vous voulez y retourner. L'autoguérison est également liée à votre plan d'âme individuel et la guérison du soi ne signifie pas que vous vouliez modifier, voire refouler ou bannir quelque chose de malsain dans les plus brefs délais. **L'auto-**

guérison signifie recréer de l'ordre en soi. Et comment faites-vous ? En vous prenant par la main, en dialoguant avec vous-même avec amour et en vous demandant : qui suis-je ? Et où est-ce que je veux aller ? Qui étais-je autrefois et qu'est-ce que je pensais vouloir faire et être ici sur terre ?

Prenez conscience que la vie en général est toujours synonyme de changement.

"La meilleure façon de se préoccuper de l'avenir est de se tourner avec soin vers le présent", a dit un jour Thich Nhat Hanh, et il n'avait pas tort. C'est vous qui décidez chaque jour de ce que vous faites, où vous allez, de ce qui vous préoccupe, de ce qui vous pèse, de ce que vous acceptez ou non comme tâche.

Et pour cela, il existe des méthodes que vous pouvez utiliser pour vous reconnecter un peu à vous-même.

Je mets des questions à votre disposition, si vous ne pouvez pas y répondre du premier coup, interrogez votre âme et demandez : Qu'est-ce que mon âme aimerait écrire là ? Ou : Qu'aurais-je écrit si j'étais encore un enfant ? Ou encore : si je n'avais pas à faire tout ce que j'ai toujours à faire, qu'est-ce que j'aimerais le plus faire ? Essayez d'entrer en contact avec vous-même avec calme et douceur et de déjouer un peu votre ego. L'ego vous dira probablement une fois ou l'autre que ce que vous êtes en train de faire est totalement stupide. Ne rejetez pas votre ego, cela ne fait qu'augmenter votre ego, acceptez-le, remerciez pour ce message et continuez simplement. Soyez bon avec vous-même, préparez-vous un thé, prenez bien soin de vous et continuez.

Apprendre à différencier

Que suis-je ?

Qu'est-ce qui est adapté ?

Quelles sont les choses et les comportements, les schémas que j'ai développés pour satisfaire les besoins des autres ?

Qu'est-ce que je fais pour les autres : pour les proches/pour mon environnement privé immédiat/pour mon environnement professionnel et qu'est-ce que je fais pour moi-même ?

Qu'est-ce qui est bon et qu'est-ce qui ne l'est pas ?

Surveillez votre cœur.

Comment se sent-on ? Est-ce facile ou difficile lorsque vous vous posez des questions ? À chaque petit mot, faites attention à la façon dont votre cœur se comporte. Il vous parle.

Il en va de même pour votre ventre. Réapprenez à connaître et à accepter votre corps et son langage. N'hésitez pas à vous dire "écoute-toi" ! Vous n'avez pas besoin d'aller trop loin si vous ne vous sentez pas à l'aise. Mais parfois, le ventre tourne en rond lorsqu'il y a un sujet qui peut être abordé. Assurez-vous que vous prendrez bien soin de vous et que vous ne ferez plus de choses qui ne vous font pas plaisir. Cela fera d'abord un peu bizarre si votre entourage n'est pas habitué à ce genre de comportement de votre part. Et vous n'avez pas besoin de vous expliquer, vous pouvez simplement dire : "Cela ne me semble pas correct".

Il ne peut y avoir de guérison si vous n'écoutez pas votre propre corps.

Où sont vos racines ?

À quoi pouvez-vous vous connecter ?

Différencier et faire des choix conscients :

Vous remarquez que quelque chose vous tracasse et affecte vos symptômes physiques ?

Ensuite, posez-vous les questions suivantes et prenez-en conscience :

• Est-ce ma blessure ?

• Ou est-ce une blessure de mes ancêtres/de ma lignée/de mon champ ancestral ?

• Ou est-ce tout à fait une blessure d'une personne de mon entourage immédiat ?

PAQUET D'AMIS

Nous, les humains, sommes à l'origine des êtres très sensibles et nous recevons également des vibrations de notre environnement, il est donc possible que vous ayez remarqué et accepté quelque chose qui n'est pas le vôtre. Si vous le souhaitez, vous pouvez le rendre en toute confiance avec la visualisation suivante :

Je vous propose de vous promener dans la nature sans être dérangé. Connectez-vous avec les arbres, les plantes, les oiseaux et les insectes. Dites-leur bonjour, même si cela peut vous paraître un peu stupide au début. Vous faites partie de cette terre et de votre environnement, et tout est lié. Les animaux, les plantes et les arbres vous saluent, alors dites-leur bonjour en retour. Soyez gentil avec votre environnement. Prenez conscience des plantes : lesquelles vous attirent le plus ? Et marchez simplement pour vous mettre dans de bonnes conditions de marche. Pour cela, ne faites pas seulement 5 pas et retournez ensuite à votre voiture parce que le vent souffle ou parce qu'il commence à pleuvoir ; vous avez une autre excuse ? Ni le vent ni la pluie ne vous tueront.

Vous pourriez même aller jusqu'à ressentir à nouveau la vraie vie, car notre quotidien social ne le permet souvent plus. Vous êtes donc en route et vous êtes arrivé consciemment là où vous vous trouvez. Vous sentez les plantes qui vous entourent, vous respirez profondément, vous percevez et vous avez peut-être l'impression d'être dans un petit raisin ou un nuage sucré en ce moment. C'est tout à fait normal.

Maintenant, pendant votre promenade, sentez-vous combien vous portez mentalement ? Portez-vous uniquement votre sac à dos mental ou peut-être portez-vous également le sac à dos mental de votre mère ou de votre ami ? Si vous remarquez que vous ne portez pas seulement votre sac à dos, vous pouvez, si vous le souhaitez, prendre une décision très claire : Arrêtez-vous, visualisez cette personne dont vous semblez porter le sac à dos mental en plus, et rendez-lui son sac à dos en disant : **"J'ai remarqué que je porte ton sac à dos, et je te le rends. Faites** un geste de la main pour rendre le sac à dos et prenez une décision claire, c'est-à-dire que vous ne porterez plus ce sac à dos.

Vous pouvez également dire à cette personne visualisée pourquoi vous ne le faites plus. Il vous est également possible de dire à cette personne : **"Je ressens ta douleur, je compatis avec toi. Je décide de ne pas souffrir avec toi et de laisser ta douleur avec toi et de te la rendre"**, ou **"Je te sens. Je compatis avec toi. Je te laisse la décision de souffrir. Je me libère de ta souffrance. Je garde ce qui est à moi et je rends ce qui est à toi"**.

Mais attention : ne vous placez pas durablement dans le rôle de la victime. Élevez-vous, ne vous faites pas petit, mais grand et droit. Vous n'avez pas besoin d'être au-dessus de l'autre personne, vous êtes maintenant à sa hauteur. Peut-être y a-t-il de la colère en vous. Dans ce cas, laissez enfin sortir cette colère ! Vous avez peut-être envie de râler et de reprocher à l'autre que c'est injuste que vous ayez porté ce sac à dos si longtemps, si longtemps que vous avez à peine remarqué que ce n'était pas votre sac à dos.

D'un point de vue énergétique, il est sain de laisser tout d'abord sortir toutes les émotions dans un espace (qui est la nature) et un cadre protégés (vous ne devriez pas vous y plonger pendant des jours, mais prendre une décision claire et avoir clarifié et soulagé cela en une heure), pour revenir ensuite à la fin à la position droite et ferme et dire : **"Je vais dans ma propre responsabilité. Je porte maintenant mon sac à dos, rien que mon sac à dos. Je suis sûr que tu peux aussi réussir à porter ton sac à dos tout seul, et si ce n'est pas le cas, ce n'est pas ma responsabilité de t'en décharger définitivement"**.

Si vous prenez toujours en charge des choses pour d'autres personnes, il n'est pas du tout possible pour les autres d'accéder à la responsabilité personnelle. Ils seront toujours dépendants de vous ou des autres. Soyez gentil et laissez ces personnes décider elles-mêmes de leur vie, même si cette décision peut ne pas vous convenir. Ce n'est pas votre vie, c'est leur vie, et ils ont le droit de décider de leur vie et de l'assumer. Tout comme vous avez ce droit.

PACK GÉNÉALOGIQUE

Si le sac à dos est issu de votre lignée ancestrale, vous pouvez décider de traiter ou non ce thème pour votre lignée ancestrale. Acceptez ou abandonnez ce thème en toute connaissance de cause ! **"Je sens le poids de XY. Je décide de me tourner vers/de ne pas me tourner vers cette tâche et de résoudre/de ne pas résoudre/de transmettre cette tâche/d'accepter cette tâche dans cette vie".**

Si vous avez pris en charge cette blessure, c'est maintenant la vôtre : très bien !

Maintenant, demandez-vous : comment, où et quand ressentez-vous cette blessure ? Quel pourrait être le sujet sous-jacent ? Où ressentez-vous un pincement ou un inconfort ? Dans quelle partie du corps ? Dans quel organe ?

La voix intérieure

Il existe en chacun de nous une voix intérieure qui peut nous dire comment nous nous sentons vraiment. Si cette voix est étouffée ou si vous avez l'habitude de ne pas y prêter attention, elle peut être très ténue, voire même piaillante, mais elle existe. Et plus vous l'écouterez et l'entendrez, plus cette voix deviendra forte et claire.

L'intuition - ce sentiment étrange - vous dit quand vous êtes en danger sur la route. Elle vous fait changer de côté de la route ou faire un détour. C'est votre sixième sens.

Chaque personne vit sa voix intérieure différemment. Vous faites peut-être de mauvais rêves ou vous avez des maux de tête, vous vous sentez peut-être épuisé. Vous vous empiffrez soudain de chips ou vous vous rendez compte que vous avez nettoyé votre appartement plusieurs fois en deux jours. **L'important n'est pas ce que vous vivez, mais le fait que vous le considériez comme un message.**

Si vous vous ouvrez à vos émotions, vous ne pouvez pas choisir parmi elles : Elles vont ensemble ! **Chacun d'entre nous a besoin d'émotions.**

C'est sur la base des émotions que nous développons notre discernement et notre capacité à nous orienter et à prendre les bonnes décisions. Les émotions, y compris les émotions douloureuses, sont des alliées qui nous permettent de savoir ce qui se passe en nous et souvent de savoir comment réagir aux situations.

Pour entrer en contact avec votre corps, vous devez vivre dans votre corps et être attentif aux sensations qui apparaissent. Les sensations que vous percevez dans votre corps sont précisément cela : des sentiments.

La peur vous serre la gorge, vous tremblez, votre estomac se crispe, vous avez le souffle coupé.

Les larmes montent, vos genoux deviennent humides, vos mains fourmillent.

Si vous avez longtemps ignoré votre corps, il vous semblera probablement étrange de vous adapter à ces perceptions.

Ou vous pouvez ressentir ces processus dans votre corps, les décrire peut-être sans vous en préoccuper, mais vous ne savez pas ce qu'ils signifient.

Les jeunes enfants ne peuvent pas dire "j'ai peur", ils disent "mon ventre est bizarre", si les adultes donnent un nom à cette perception, l'enfant apprend à associer la sensation à l'émotion.

Si personne n'a prêté attention à vos émotions et que vous n'avez jamais appris à nommer vos sensations, vous repartirez de zéro et apprendrez vous-même à comprendre ces messages que votre corps vous envoie.

Plus vous serez en mesure d'accepter vos émotions sans les juger, plus il vous sera facile de les vivre, de travailler avec elles et d'en tirer des enseignements.

Si vous avez l'habitude de cacher vos sentiments, cela peut se produire si rapidement et involontairement que vous n'avez même pas l'occasion de ressentir le sentiment initial. Vous commencez à vous sentir heureux et vous glissez dans l'inquiétude. Vous êtes en colère et vous vous détestez immédiatement. *Chacun de nous, en tant qu'être humain, a des schémas différents.*

Plus vous ressentez, plus cela devient facile. Votre peur de vos sentiments diminuera progressivement. Vous serez moins en mesure de mettre vos sensations de côté, et l'une ou l'autre vous fera mal, mais vous vous sentirez soulagé. Les sentiments sont indépendants et ont une valeur en soi, mais si vous êtes familier avec eux, un sentiment que vous n'associez pas à un événement concret pourrait vous faire peur.

EXERCICE DE SENTIMENT

Que sont les émotions ?

Prononcez clairement la liste suivante, en prononçant chaque mot plusieurs fois, en variant le ton de la voix et l'intonation, plus fort ou plus doux. Soyez attentif à vos sentiments pendant que vous prononcez chaque mot.

Quelles sensations ce mot évoque-t-il pour vous ? Comment votre corps se sent-il ? Certains mots vous correspondent-ils et d'autres non ? Notez d'autres mots qui vous décrivent spécifiquement. Lorsque vous avez terminé, soulignez les trois mots qui vous font le plus réagir :

* enthousiaste
* tendrement
* triste
* exubérant
* solitaire
* irritable
* déçu
* angoissé
* satisfait
* heureux
* déprimé
* timide
* blessé
* jaloux
* affectueux
* ...

Souvent, les gens confondent les sentiments avec les pensées ou les observations.

"J'ai le sentiment que ce n'était pas juste".

"J'ai l'impression que tu vas me quitter".

Ce sont des affirmations sur vos pensées et non sur vos sentiments. Pour savoir si un énoncé porte sur des pensées, vous pouvez utiliser "Je crois" au lieu de "J'ai le sentiment". Si cela a du sens, il s'agit probablement plus d'une pensée ou d'une observation.

"Je me sens blessé par ce que tu as fait".

"J'ai peur que tu me quittes."

Vous voyez la différence ?

Si vous êtes en contact avec des personnes qui respectent vos sentiments et qui sont également bien connectées à leurs propres sentiments, vous pouvez accélérer ce processus d'apprentissage. Grâce à leur feed-back, leur exemple, leur délicatesse, vous pouvez apprendre à vous connecter à vos propres sentiments.

EXPRIMEZ VOS SENTIMENTS ET DITES-LE À VOTRE VISAGE.

Il n'y a pas une seule bonne façon d'exprimer ses sentiments. Chacun d'entre nous a son propre style. Mais il est important que vous soyez capable d'exprimer ce que vous ressentez, de telle sorte que cela vous semble juste et que l'expression de votre visage corresponde à ce que vous ressentez.

APPRENDRE À EXPRIMER SES SENTIMENTS AVEC RESPECT

"Je suis en colère. Si tu es en retard et que tu n'appelles pas, je m'inquiète. S'il te plaît, appelle-moi la prochaine fois", au lieu de "Tu es la personne la plus impitoyable que je connaisse. Tu n'as que faire de mes sentiments".

Si vous avez quelque chose à dire qui est important pour vous, ou si vous allez vous exposer et être vulnérable, ne sapez pas votre position en choisissant un moment défavorable, où vous ne trouverez probablement pas d'oreille attentive. Vous devriez vous accorder, ainsi qu'à vos amis, votre partenaire, votre ou vos enfants, une position de départ équitable.

DISTINGUEZ

Prenez une décision équilibrée quant à l'opportunité d'exprimer vos sentiments. Toutes les relations ne sont pas des relations étroites. Faites donc la part des choses entre ce qui est approprié et ce qui ne l'est pas.

APPRENEZ À EXPRIMER VOTRE COLÈRE SANS VIOLENCE

La colère est une émotion, la violence est un comportement.

De nombreuses personnes ne savent pas qu'elles sont en colère avant que cette colère n'explose. Apprendre à percevoir les signes de votre colère vous aidera à maîtriser votre violence.

Comment réagissez-vous lorsque vous êtes en colère ?

• Vous devenez méchant ? Rejetez-vous la faute sur les autres ?

• Vous comportez-vous de manière particulièrement agréable ?

• Vous commencez à rire ?

• Vous vous retirez ?

• Vous n'honorez pas vos rendez-vous ?

• Ou êtes-vous en retard ?

• Cela vous empêche-t-il de manger ou de dormir ?

• Ou dormez-vous plus que d'habitude ?

"Je sens la colère monter en moi. J'ai besoin de temps pour moi. Je reviens dans une heure", de cette manière vous communiquez directement ce qui se passe, vous assumez la responsabilité de vos sentiments et vous vous donnez, ainsi qu'aux autres, le sentiment sûr que vous êtes déterminé à éviter la violence. Soyez simple avec vos sentiments, allez vous promener, laissez de l'espace à vos sentiments et ne vous faites pas d'idées, n'allez donc pas boire de l'alcool, n'exaltez pas votre esprit. Restez simplement avec vous-même et votre sentiment. Tenez le coup. Vous y arriverez !

Comme convenu, vous revenez au bout d'une heure, ni plus tôt, ni plus tard. C'est ainsi que vous établissez la confiance. Demandez à la personne qui vous a contrarié si elle souhaite en parler avec vous. Si vous le souhaitez tous les deux, parlez-en ensemble : qu'est-ce qui vous a énervé ? Pourquoi avez-vous dû sortir ? Si vous avez du mal à en parler, revenez-y plus tard.

VOUS ÊTES DÉSESPÉRÉ ?

1. Prenez votre respiration. Respirez !
2. Comptez vos respirations.
3. Expirez plus longtemps que vous n'inspirez.
4. Faites-vous un thé.
5. Procurez-vous une peluche, un oreiller ou une couverture avec laquelle vous pourrez vous blottir.
6. Mettez un CD de relaxation.
7. Appelez votre meilleur(e) ami(e) ou le service d'aide spirituelle. (Si vous vous sentez bien, faites une liste des personnes et de leurs numéros de

téléphone qui sont bien disposées à votre égard et qui vous écouteront si vous en avez besoin).

8. Caressez votre animal de compagnie ou votre coussin.

9. Arrosez les fleurs.

10. Faites du yoga.

11. Prenez un bain chaud.

12. Sentez votre parfum préféré.

13. Écrivez de nombreuses fois : "Je suis en sécurité. Je m'aime bien. Les autres m'aiment bien. Je peux me détendre maintenant".

14. Faites du jogging.

15. Prier.

16. Méditez.

17. Criez dans votre oreiller ce que vous avez caressé auparavant.

18. Regardez un film drôle ou lisez une comédie.

19. Commandez votre plat préféré.

20. Allez dans la forêt et écoutez la nature.

21. Allez au bord du lac et mettez vos pieds dans l'eau.

22. Dessinez des cercles dans le sable.

23. Embrassez-vous.

24. Et recommencez depuis le début, si jamais vous en avez besoin.

Vous pouvez faire une nouvelle liste, mais veuillez toujours faire passer la respiration en premier.

Le désespoir, la haine de soi et la panique sont des sentiments intenses, accordez-vous du repos après cet effort. Prenez soin de vous. Une fois que vous avez retrouvé votre calme, posez-vous des questions :

• Quelle est la dernière chose dont vous vous souvenez avant que cela ne vous tombe dessus ?

• Où étiez-vous et avec qui ?

• Quelque chose vous est-il arrivé au cours des deux derniers jours qui vous a pesé ?

• Soupçonniez-vous un autre sentiment avant de perdre votre sang-froid ?

• Et avez-vous déjà eu cela ?

• Êtes-vous particulièrement stressé(e), pressé(e) par le temps ou préoccupé(e) en ce moment ?

• Avez-vous dû penser à quelque chose qui vous mettait mal à l'aise et l'avez-vous rapidement mis de côté ?

• Vous souvenez-vous de quelque chose qui vous a mis mal à l'aise ?

• Le contact physique est important ! Massez-vous, caressez-vous la main ou posez votre main sur votre épaule. Soyez attentionné, soyez une bonne mère ou un bon père pour vous-même. Soyez affectueux avec vous-même, comme vous le souhaitiez lorsque vous étiez enfant. Votre enfance n'est pas terminée !

• Comment allez-vous ?

• Oui, vous avez certainement déjà pu constater qu'il s'agit d'un processus profond et merveilleux, et c'est très bien ainsi.

Lorsque vous ouvrez quelque chose que vous avez caché depuis longtemps, il se peut que cela commence par sentir mauvais et par avoir l'air anormal. Comme un pain au fromage dans une boîte qui est malheureusement restée trop longtemps au réfrigérateur. La différence avec le pain au fromage est que le pain au fromage se gâte, peu importe combien de temps vous le regardez, mais vous guérissez lorsque vous vous regardez, vous prenez au sérieux, vous acceptez et vous aimez pour ce que vous êtes. Vous pouvez vous aimer tel que vous êtes. Même si vous sentez mauvais.

PARTENARIAT, CONFIANCE ET PROXIMITÉ

Vous vous demanderez quel est le rapport entre votre auto-guérison et votre couple, et je vous répondrai : beaucoup ! Si vous constatez que vous vivez si près d'une personne simplement parce que vous vivez ensemble et que vous partagez peut-être vos biens, vos réalisations et votre prestige, cela ne signifie pas pour autant que votre couple fonctionne, qu'il est aimant et honnête.

Pour un processus d'auto-guérison, le cadre général est important.

Vous ne pouvez pas guérir vous-même si vous êtes constamment confronté à des personnes qui ne vous acceptent pas tel que vous êtes, qui ne vous respectent pas ou qui ont déjà subi de nombreuses blessures au fil du temps et où la relation de confiance a subi d'énormes dommages. Je vais vous poser quelques questions et les réponses que vous obtiendrez vous permettront de savoir dans quelle mesure votre partenariat est fructueux ou non.

1. Respectez-vous votre partenaire ?

2. Votre partenaire vous respecte-t-il ?

3. Pouvez-vous vous parler librement ?

4. Gérez-vous bien les conflits ?

5. Faites-vous des compromis tous les deux ou seulement l'un d'entre vous ?

6. Alternance entre donner et recevoir ?

7. Pouvez-vous montrer vos véritables sentiments ?

8. Pouvez-vous parler avec votre partenaire d'événements qui vous ont beaucoup affecté ?

9. Votre partenaire est-il ouvert à l'idée d'explorer de nouvelles voies avec vous ?

10. Votre couple vous donne-t-il suffisamment d'espace pour votre développement personnel et pour le changement ?

11. Pouvez-vous atteindre vos propres objectifs au sein de votre relation ?

12. Votre partenaire vous soutient-il dans les changements que vous recherchez délibérément ?

13. Votre partenaire est-il prêt à vous aider ?

Si vous avez répondu oui à la plupart des questions, il s'agit probablement d'une relation stable et fonctionnelle. Si vous n'étiez pas sûr de vos réponses, il se peut que la relation soit encore très récente ou que vous n'exigez pas assez de la relation pour savoir ce que vous pouvez ou ne pouvez pas attendre. Si vous avez dû répondre non la plupart du temps, vous devriez sérieusement envisager de changer ou de mettre fin à cette relation.

Vous méritez une bonne relation !

Vous pensez peut-être que vous n'avez aucune influence sur les personnes avec lesquelles vous entrez en relation. Au fur et à mesure que votre estime de soi grandira, il vous semblera normal que d'autres personnes vous aiment ou vous détestent. Vous découvrirez que vous pouvez dire non à certaines personnes et en choisir d'autres en connaissance de cause.

Dans les nouvelles relations, essayez de pratiquer consciemment la confiance et la proximité. Les relations peuvent être profitables même si elles sont courtes et ne vous donnent pas tout.

En tant que cadre dans lequel vous pouvez apprendre à comprendre, à faire confiance et à donner et recevoir amicalement, de telles relations offrent une base saine pour la croissance intérieure.

La guérison sexuelle nécessite une certaine base de confiance et de bonne volonté entre vous et votre amant. Si vous avez trouvé une personne sensible et compréhensive, c'est merveilleux. Si ce n'est pas le cas, vous n'êtes pas le seul, beaucoup de gens sont dans le même cas. Ne baissez pas les bras et ne vous attachez pas à quelqu'un qui ne vous convient pas, juste pour ne pas être seul.

Apprenez bien à être seul avec vous-même.

Vous en valez la peine. Vous méritez d'être soutenu avec amour dans votre guérison.

Gérez des relations saines

Imaginez deux personnes qui s'aiment, qui sont conscientes des projections et des irritations de la perception et qui veulent trouver un moyen de les gérer. Cela apporte un grand potentiel.

L'illusion de la sécurité est l'une des principales raisons pour lesquelles nous avons besoin de relations. Dans une relation de guérison, l'illusion n'a plus sa place, car l'illusion conduit toujours, en fin de compte, à la déception. En revanche, la loyauté, l'amitié et la fiabilité fournissent un cadre sain pour une relation saine, ce qui n'est pas le cas de la possessivité, du besoin de contrôle et du sabotage mutuel.

La guérison ne peut se produire que dans un espace où nous faisons l'expérience de la liberté, où nous pouvons être authentiquement ce que nous sommes.

Alors, qu'est-ce que j'entends par liberté ? Je ne parle pas d'amour libre, je ne parle pas de pouvoir sauter dans un lit avec n'importe qui et n'importe quoi. Je veux dire laisser l'autre être humain être ce qu'il ou elle est, sans exercer de contrôle. Lui donner l'espace pour s'épanouir, le laisser s'épanouir. Être conscient et heureux d'avoir choisi l'autre, de pouvoir parcourir ce chemin ensemble et de se rencontrer à chaque fois.

Une telle relation exige des deux partenaires une prise de conscience des projections possibles et une remise en question permanente.

En quelque sorte, une saine humilité.

Ce que je veux dire, c'est que
Commencez par vous regarder, surtout au moment où cela fait le plus mal, avant d'accuser votre

partenaire de quelque chose qui n'est peut-être pas.

Et si vous vous retrouvez dans des projections, tenez-vous les uns les autres.

Personne n'est exempt de projections, c'est la manière de les gérer qui est importante. Il est donc important de le reconnaître, de se soutenir mutuellement et de grandir ensemble. Oui, cela demande une grande intégrité et une grande sensibilité, car la plupart du temps, les projections sont chargées de beaucoup d'émotions.

Vous pouvez apprendre à admettre quand vous projetez et à pratiquer la proximité avec votre partenaire au lieu d'exiger le contrôle, la possession et la dépendance.

La compassion, la confiance inconditionnelle et le respect total sont des conditions préalables. Personne n'a plus raison, personne n'est plus coupable, personne n'est plus faible ou plus fort. Restez sur un pied d'égalité avec votre partenaire.

Une telle relation peut demander toute une vie de dépassement de soi, d'ouverture de l'espace et du cœur, même lorsque nos émotions menacent de nous submerger.

Dans notre société, nous avons appris très tôt que montrer sa douleur et sa faiblesse semble être une forme de perte de reconnaissance.

Supprimons cette erreur.

Le fait même de montrer sa faiblesse et sa douleur est une force en soi. Il n'y a plus de masque qui doit faire semblant. Vous pouvez vraiment vous montrer tel que vous êtes et aller avec une personne tant que votre chemin commun dure. Parce que vous pouvez vous montrer si ouvert, vulnérable et touché, vous verrez quel champ de confiance cela révèle. C'est magnifique !

Le travail avec l'enfant intérieur

"J'avais l'impression que toutes mes réussites n'étaient qu'une seule et même tromperie, parce que j'ignorais le petit enfant qui n'a jamais pu faire face et qui continue donc à vivre une vie d'humiliation et de douleur".

Vous détestez une partie de vous-même lorsque vous détestez l'enfant en vous. Sans cette partie en vous, vous n'avez pas accès à sa douceur, à sa souplesse, à sa capacité à faire confiance et à s'émerveiller.

Si vous vous ouvrez à la prise en charge de votre enfant intérieur, vous apprendrez à vous accepter avec amour.

Même si cela peut paraître ambigu au début, accepter cette partie de vous-même est une part importante de votre guérison.

Commencez à écouter votre enfant intérieur, à écouter cette petite voix, à la respecter et à lui faire plaisir. Soyez le parent aimant de votre enfant intérieur.

EXERCICE D'ÉCRITURE : L'ENFANT EN VOUS

C'est ici que vous pouvez entrer en contact avec l'enfant qui est en vous. Si vous êtes capable d'aimer et de réconforter le petit enfant en vous, si vous pouvez permettre à votre moi adulte d'exprimer la compassion que vous ressentez pour ce petit enfant, alors écrivez maintenant et dites-le lui ou à elle. Vous pouvez lui adresser cette lettre directement ou vous pouvez entamer un dialogue épistolaire avec elle ou lui en écrivant d'abord en tant qu'adulte et en répondant ensuite en tant qu'enfant.

Si vous ne ressentez pas encore de sentiment, de tendresse ou de connexion avec l'enfant, commencez par écrire ce que vous ressentez sincèrement. Vous ne pouvez pas écrire : "Je t'aime. Je vais prendre soin de toi", si c'est un mensonge. Commencez par : "Je suis prêt à m'asseoir et à t'écrire, même si je ne suis pas tout à fait sûr que tu existes", ou "Tu ne m'es pas encore sympathique", ou même "Je te déteste, c'est toi qui m'as mis dans cette merde". Chaque point d'accroche est un début. Vous ne pouvez pas avoir une relation amoureuse si vous n'établissez pas d'abord le contact. Faites le premier pas.

Si vous ne pouvez rien faire avec l'enfant qui est en vous, imaginez un autre enfant qui avait l'âge que vous aviez lorsque vous avez dû vous détacher de vous-même. Essayez d'écrire à celui-ci à la place. Vous pouvez faire cet exercice plus souvent, surtout si vous ne ressentez pas de compassion au début. A un moment donné, vous serez capable de dire au petit enfant qu'il est innocent et que vous le protégerez.

Le nec plus ultra de l'auto-guérison est un système immunitaire avec lequel vous êtes vous-même en contact. Travaillez donc toujours pour qu'il soit stable. Si ce n'est pas le cas, faites le point avec vous-même et travaillez à ce qu'il retrouve sa stabilité. Cela semble simple, mais c'est le cas si vous respectez certaines règles. Je vous propose ci-dessous quelques petits outils que vous pouvez utiliser ou réorganiser à votre guise.

Retrouvez une foi

Croire en soi et croire que la vie vous veut du bien.

Créez une focalisation sur les aspects positifs de votre vie et travaillez continuellement sur les choses que vous voulez voir dans votre vie et qui vous font du bien.

L'auto-guérison ne peut se produire que si vous prenez fondamentalement soin de vous.

Je vous donne ici quelques idées :

Rituel du matin

Le soir, vous avez déjà préparé votre départ pour le matin. Vous avez déjà mis de la musique calme dans votre lecteur pour ne pas avoir à la chercher le matin. Vous êtes maintenant l'heureux propriétaire d'un brûleur d'encens et vous avez acheté un ou plusieurs mélanges d'encens qui sentent bon et des pastilles de charbon de bois que vous choisissez le matin en fonction de votre humeur. Si vous sentez le mélange, vous savez lequel vous pouvez fumer aujourd'hui. Allumez le fumigène et enfumez votre chambre pendant quelques minutes, puis ouvrez grand la fenêtre et mettez de la musique douce. Pendant ce temps, préparez tranquillement votre boisson matinale, puis accordez-vous un quart d'heure de repos complet. Arrivez en ce matin merveilleux. Vous êtes tranquillement assis dans votre lit ou sur un coussin. Installez-vous confortablement et prenez conscience de la situation. Vous pouvez maintenant être simplement. Laissez vos pensées circuler. Laissez-vous penser, mais ne donnez pas de réponse à vos pensées. Et soyez conscient, même dans votre vie quotidienne, que toutes les pensées auxquelles vous pensez ne méritent pas d'être prises en compte. Prenez conscience.

• Que sentez-vous ?

• Que ressentez-vous ?

• Qu'en pensez-vous ?

• Souriez !

• Entrez maintenant consciemment dans la gratitude.

• Dites-vous : **merci de me permettre de vivre cette journée en toute conscience.**

• **Merci de m'avoir lancé de merveilleux défis.**

• Merci d'avoir un temple aussi merveilleux.

• Je suis pris en charge. Je suis en sécurité, ici et maintenant.

Profitez avec l'aromathérapie

Lorsque nous percevons des fleurs odorantes, nous approchons souvent notre nez de la fleur pour en respirer profondément le parfum. Cela montre que nous, les humains, aimons les plantes odorantes.

Nous oublions nos soucis quotidiens et tout nous semble insouciant à ce moment-là. Les plantes produisent ces substances odorantes, les stockent dans leurs tissus et les libèrent lorsqu'elles sont touchées ou chauffées. De toutes les plantes qui existent sur terre, seul un pour cent environ produit des huiles essentielles. Depuis l'Antiquité, les hommes apprécient particulièrement ces plantes, qui peuvent être utilisées pour fabriquer des parfums, des senteurs et des médicaments.

L'aromathérapie exploite les effets curatifs et doux sur le corps et l'esprit que possèdent les huiles essentielles. Les huiles favorisent la relaxation, augmentent le bien-être et peuvent être appliquées sur la peau (avec une huile de support), utilisées comme additif de bain ou inhalées. Les huiles essentielles entièrement pures, comme celles présentées dans le lien, peuvent même être ingérées.

Personnellement, les bonnes odeurs m'aident beaucoup. J'ai donc décidé d'utiliser pour moi des huiles essentielles pures et de haute qualité. Peut-être que cela vous aidera aussi.

Soyez curieux comme un petit enfant qui voit des choses nouvelles.

Une goutte d'huile de menthe poivrée dans un litre d'eau favorise l'élimination des toxines qui sont en nous. L'une des meilleures aides.

Je vous propose donc un tableau des aides utiles. N'hésitez pas à l'enrichir.

Effet nettoyant des herbes, des épices, des bois et des fruits

Plante	soutient	nettoie de
Encens	Apaisement, méditation	Agressivité, tension
Myrrhe	Inspiration	Manque d'imagination
Bois de santal	Apaisement, sensualité	Anxiété, stress, tension
Genévrier	Protection, stimulation	anxiété, lassitude
Aiguilles d'épicéa	Rafraîchissement	l'énergie accumulée
Eucalyptus	Guérison	Maladie, rhume
Cannelle	guérison, sensualité	maladie, manque d'amour

Bois de cèdre	Détente	Stress, tension
Sauge	énergie positive	tous les déséquilibres
Romarin	Amitié, Concentration	Disputes, problèmes d'apprentissage
Thym	Force, activité	faiblesse, découragement
Lavande	relaxation, intuition	tensions, cauchemars
Camomille	guérison, harmonie	maladie, dispute
Menthe poivrée	Guérison, fraîcheur	maladie, énergie sourde
Angélique	Protection	Fantômes
Herbe à chat	Amour des animaux	Manque d'amour
Agrumes	Rafraîchissement, concentration	problèmes d'apprentissage, fatigue
Pomme	Amour, fertilité	manque d'amour, solitude

Rose	Amour, Détente	manque d'amour, stress
Clous de girofle	Force, protection	manque de motivation, anxiété
Jacinthe	Guérison	Chagrin d'amour
Verveine	Protection	Cauchemars

> "La meilleure médecine est d'apprendre aux gens comment ne pas en avoir besoin". Hippocrate

CRÉEZ UN COLLAGE D'OBJECTIFS

En imaginant et en visualisant vos objectifs, vous faites déjà le premier pas. Avec un collage d'objectifs, vous vous aidez à garder le focus et à vous aligner.

Vous gardez vos objectifs, vos rêves et vos désirs à l'esprit et créez ainsi en pensée un nouveau chemin de vie.

Pour cela, rassemblez des images, des croyances et des mots-clés autour de votre propre objectif, qui vous aideront et vous motiveront à le réaliser.

Collez ensuite votre collection sur un carton de format A3 ou A2 et accrochez-la à un endroit visible pour vous.

Découpez des images d'un magazine qui ressemblent à la liberté et à la vivacité. Des gens qui marchent et qui ont l'air heureux. Des gens qui ont l'air heureux et en bonne santé à un âge avancé. Des endroits où vous aimeriez être un jour. Des activités que vous aimeriez faire, par exemple des yogis qui méditent. Des images de recettes saines et délicieuses.

Écrivez régulièrement, chaque soir, tous les deux jours ou chaque semaine, dans votre **journal** :

Intégrez également votre collage d'objectifs en petit format dans votre journal. Vous serez étonné de voir tout ce que vous avez accompli au bout d'un an si vous regardez à nouveau votre journal depuis le début. Votre journal vous aide à rester concentré. Notez les choses que vous voulez changer et que vous trouvez belles.

Et si vous avez besoin de vous défouler, faites-le.

Ecrivez sur un papier libre à une personne fictive que vous avez choisie pour vous aider. Écrivez votre frustration et votre fardeau et brûlez ce papier en disant : **"Tout cela est maintenant du passé !"**.

UN ENDROIT CALME ET SÛR

Créez un endroit calme et sûr chez vous :

Utilisez un coin de votre chambre pour créer un petit autel. Vous pouvez accrocher votre collage cible au-dessus de cet autel et placer un petit meuble devant, sur lequel vous placerez votre encensoir, que vous utiliserez désormais chaque matin pour votre rituel matinal. Une bougie à côté du réchaud crée encore plus de convivialité. De plus, une bougie mange les mauvaises odeurs et fait de la LUMIÈRE.

MÉDITATIONS SUR LA LUMIÈRE

Asseyez-vous avec un coussin devant votre petit endroit calme et sûr nouvellement conçu. Éteignez votre téléphone, mettez-le en mode avion ou en mode silencieux. Accordez-vous 15 minutes sans être dérangé.

Les soucis, les peurs et les émotions paraissent pires dans l'obscurité que dans la lumière.

Pour prendre des décisions saines pour soi et pour sa vie, il est important de faire la lumière. *Allumez la bougie :*

Inspirez et expirez calmement et répétez cela plusieurs fois jusqu'à ce que vous sentiez que vous vous calmez. À chaque respiration, soufflez les pensées et les émotions négatives, les sentiments et inspirez la légèreté. Observez la lumière de la bougie et absorbez visuellement cette lumière. Fermez les yeux et concentrez-vous maintenant sur la lumière qui est en vous. Il y a une petite boule de lumière dans votre ventre, à chaque respiration cette boule de lumière devient de plus en plus grande et votre sensation dans le ventre de plus en plus large et légère. Sentez cette boule de lumière grandir jusqu'à ce que vous soyez vous-même assis dans cette boule de lumière. Plus votre espace intérieur s'éclaircit, plus vos peurs et vos soucis disparaissent. Vous êtes la lumière. Vous êtes votre propre guérison. Vous avez un pouvoir absolu sur vous-même. Vous êtes pur. De la pure

lumière. Des questions peuvent surgir en vous. Posez-les dans votre espace de lumière sacré et écoutez la réponse. Soyez patient, la réponse viendra. Si vous n'entendez pas de réponse, soyez sûr que votre réponse est déjà dans votre cœur. Vous avez été entendu et vous êtes pris en charge. Sentez la chaleur qui vous entoure et profitez. Profitez de ce moment de perfection dans l'être. Vous êtes parfait. Vous êtes parfaitement pur. Vous êtes lumière. Chaque respiration se sent maintenant totalement libre et saine. Tout ce qui est négatif se transforme en lumière grâce à votre lumière.
Rien de négatif ne peut ternir votre lumière.

Respirez profondément, savourez cette certitude et laissez maintenant votre boule de lumière sacrée redevenir une petite boule de lumière dans votre ventre. Votre boule de lumière est maintenant votre compagnon et elle continuera à briller en vous et à vous fournir de la lumière. Respirez profondément à plusieurs reprises et ouvrez lentement et délicatement les yeux, revenez à l'ici et maintenant et sachez que vous êtes dorénavant totalement pris en charge. L'univers vous veut du bien. C'est ainsi que cela doit se passer.

INONDÉ DE LUMIÈRE

Vous vous sentez un peu débordé par vos émotions et vous aimeriez les libérer ? La Terre Mère les accueille avec plaisir !

Vous pouvez imaginer un lieu ou vous rendre dans un endroit naturel où vous pouvez vous tenir debout, pieds nus, sur la Terre Mère. Il peut s'agir du bord d'un champ, d'une forêt, d'un lac, où vous voulez.

Tenez-vous droit, les deux jambes fermement posées sur la terre mère, les pieds nus.
Un rayon de lumière va maintenant couler comme une douce cascade du haut de votre tête, de votre cou, de vos épaules, de vos bras, de votre poitrine, de votre ventre, de vos genoux et de vos jambes vers vos pieds et de vos pieds directement vers la Terre Mère. Laissez la Terre Mère absorber toutes les choses que vous ne pouvez pas ou ne pourrez jamais résoudre. La Terre Mère prend également soin de vous et accepte tout ce que vous abandonnez. Lâchez prise et laissez-vous envahir par la lumière pure. Si vous sentez quelque chose de perturbant dans votre corps, donnez-le au flux de lumière et remettez-le à la Terre Mère. Dès que

vous vous sentez mieux, revenez à vous, ouvrez les yeux, regardez autour de vous. Où êtes-vous ? Quel jour sommes-nous ? Quelle heure est-il ? Quel âge avez-vous ? Bienvenue dans le présent.

Bases générales

En fin de compte, vous devez assimiler et comprendre une chose :

Si vous vivez dans un environnement qui n'est pas sain pour vous, vous pouvez toujours essayer de vous guérir par la méditation, la visualisation ou d'autres méthodes. La première chose que vous devez faire est de construire une bonne base, et vous créez une bonne base avec des sentiments positifs envers vous-même et votre environnement, avec de bons liens sociaux et avec le sentiment d'être efficace.

Je peux vous montrer mille méthodes, techniques et possibilités, tout cela ne servira à rien si vous n'avez pas de bonnes bases. Vous serez ravi d'apprendre des choses sur vous-même que vous ne saviez même pas, parce que vous les aviez cachées dans le coin le plus sombre de votre armoire.

Pour pouvoir garantir une bonne base de guérison, il est indispensable d'avoir accès à une alimentation consciente. Pour pouvoir maîtriser un changement d'alimentation de manière judicieuse et durable, il est nécessaire de procéder à une purge et à une désintoxication complètes.

JEÛNE

Le jeûne permet généralement de réduire la tension artérielle, de réduire l'inflammation et la douleur et d'éliminer les toxines du corps. Je vous présente différentes formes de jeûne. Pour changer d'alimentation, il est indispensable de faire le vide dans son corps, de se débarrasser des toxines et de repartir à zéro. En fait, il en va de l'esprit comme du corps.

Jeûne thérapeutique ou jeûne à l'eau : vous ne mangez rien pendant environ une semaine. Vous buvez au moins 3 litres d'eau par jour. Surveillez votre circulation sanguine, si vous vous sentez très faible, buvez un bouillon ou un jus de fruits de temps en temps ou passez à une autre forme de jeûne. Accordez à votre corps un temps de préparation et de récupération, par exemple en réduisant vos calories et votre quantité générale de nourriture 3 jours avant le jeûne et en commençant à purger votre corps dès maintenant. Pendant la semaine de jeûne, ne travaillez pas et ne faites pas d'activités physiques ou mentales lourdes.

Vous devriez simplement vous concentrer sur vous-même.

C'est maintenant votre processus vers vous-même. Vous allez apprendre à connaître vos propres démons pendant la semaine de jeûne. Dans votre tête, vous allez crier et ce cri veut vous convaincre de ne pas mettre en œuvre cette nouvelle vie. Il veut revenir à l'ancienne sécurité. Une fois que vous avez terminé vos 5 à 7 jours de jeûne, rompez le jeûne en mangeant une pomme fraîche à midi et une soupe de légumes frais le soir.

Jeûne Buchinger : Le jeûne Buchinger s'étend sur environ 2 semaines. Ici aussi, il est important d'être en bon contact avec votre corps et de l'aider à se vider complètement avec du sel de

Glauber pour ¾ de litre d'eau. Buvez ce mélange en 20 minutes et rincez avec un litre d'eau claire. Dans les 2 à 3 heures qui suivent, vous aurez une vidange intestinale typique de type diarrhée. Vous pouvez également utiliser des tisanes laxatives ou des lavements.

Dans cette méthode de jeûne, vous êtes autorisé à consommer une petite cuillère de miel. Vous devriez également toujours soutenir votre détoxication avec de l'argile liante. Lors de vos journées de récupération, vous pouvez vous faire du bien avec du psyllium ou des graines de lin.

Jeûne alcalin : les aliments typiques qui génèrent de l'acidité sont évités dans le cadre du jeûne alcalin. Le corps ne reçoit que des aliments alcalins, tels que des salades, des plats de légumes, des fruits, des pousses et des herbes.
Les poudres alcalines et les bains alcalins vous aideront en outre.

De manière générale, vous pouvez également boire des tisanes et de l'eau au gingembre.

Jeûne par intervalles : cette forme de jeûne est en fait un mode de vie. Vous ne mangez qu'à des moments précis de la journée, par exemple de 11 heures à 18 heures. Vous donnez ainsi à votre corps une période de jeûne nocturne quotidienne de 17 heures. Ou bien vous décidez de vous arrêter quelques jours chaque mois ou un jour chaque semaine. D'ailleurs, les animaux font de même à l'état naturel. Ils jeûnent un jour par semaine. Ils savent à l'origine et intuitivement que c'est sain pour eux.

> **À retenir** : évitez les aliments fortement transformés et d'origine animale, ainsi que les acides gras trans que vous trouverez dans les graisses hydrogénées.
>
> Buvez chaque jour, même sans jeûner, au moins 1, 5 litre d'eau claire.

UNE BONNE ALIMENTATION - DONNEZ À VOTRE CORPS CE DONT IL A VRAIMENT BESOIN.

Je ne vais pas écrire ici, mangez ceci ou cela, car je ne suis pas vous et je n'ai aucune idée de votre corps. Et malgré tout, je vais rester végétalien dans mes recommandations, non pas parce que c'est cool, mais parce qu'il est temps de se recentrer sur ce qui est important. Pourquoi vouloir se soigner si le monde s'écroule demain parce que notre mode d'alimentation est porteur de beaucoup de souffrances. Si vous voulez manger des produits animaux, demandez au chasseur ou achetez du lait à un agriculteur qui ne maltraite pas les animaux. En règle générale, il faut dire que les produits laitiers ont un effet mucilagineux et plutôt inflammatoire. L'ancienne croyance erronée selon laquelle il fallait du lait de vache pour le calcium a peut-être fonctionné à l'époque, mais nous savons aujourd'hui que les noix et les graines contiennent des ingrédients mieux tolérés par notre organisme.

Soyez conscient que chaque action vous renvoie un peu à vous-même, et si vous vous intéressez au thème de l'autoguérison, vous devriez également être capable de prendre en compte la situation dans son ensemble, et pas seulement vous-même.

Tout ce que je peux faire dans ce livre, c'est vous donner des suggestions, des idées et des incitations. Et je peux vous dire que le voyage vers soi-même est un voyage magnifique. C'est comme si vous redécouvriez enfin un meilleur ami très ancien. Et parce que ce meilleur ami très ancien veut rester à vos côtés pendant un certain temps :

Mangez consciemment, faites les choses consciemment, décidez consciemment de ce que vous soutenez et pourquoi, dans quel but, et si cela a encore un sens maintenant ou si vous devez reconsidérer toute la question. Et recommencez à apprécier ! Mangez une fois - séparément - afin de découvrir l'effet de chaque aliment sur vous et votre cher temple. Et non, ne salez pas. Ne vous sentez plus obligé de saler chaque plat. Recommencez à goûter !

Allez au-delà de vos habitudes et soyez ouvert à la nouveauté. Vous serez étonné de ce qui fait du bien à votre corps. Comment le reconnaître ? Vous vous sentez bien, votre peau a l'air fraîche, vous vous sentez plein d'énergie et de clarté, votre petite voix intérieure dit doucement et avec soulagement "enfin".

Je dois dire que lorsque le corps se détoxifie, nous ne nous sentons pas pleins d'entrain et nous ne nous sentons pas bien et propres.

DE QUELS ALIMENTS NOTRE CORPS A-T-IL BESOIN CHAQUE JOUR ?

Il est de notre devoir de maintenir notre corps sain et actif. C'est pourquoi vous devez également connaître les principes de base pour y parvenir :

Notre **cerveau** a besoin d'acides gras oméga-3 et de bonnes graisses, donc les épinards, les fraises, les avocats, les graines de lin, les noix, les pommes, les myrtilles, les raisins rouges, les canneberges et autres sont importants.

Nos **yeux** ont besoin de vitamine A, de lutéine, d'antioxydants et de bêta-carotène, que l'on trouve dans les brocolis, les carottes, les épinards, les patates douces, les poivrons rouges, les courges, les baies, l'ail et les légumes verts à feuilles.

Notre cher **cœur** a besoin de potassium, de fibres, d'acide folique, d'alpha-carotène, que nous trouvons dans les bananes, les brocolis, les épinards, les baies, les oranges, les tomates, les carottes, les légumes à feuilles vertes, les graines de courge, les pois, l'avoine, les pousses, les grenades.

Nos **os** ont besoin de vitamine D, de bromure, de magnésium et de calcium. On les trouve dans le brocoli, l'ananas, les légumes verts à feuilles, la roquette, les amandes, les champignons, les cerises.

Notre **peau, nos cheveux et nos ongles** ont besoin de vitamines A, C et E. Mangez donc de temps en temps des blettes, des courges, des choux, des oranges, des kiwis, des poivrons jaunes, des graines et des concombres.

Nos **muscles** ont besoin de protéines, de chrome et d'acides gras oméga-3. Dans les pousses, les graines de chia, les graines de chanvre, les poivrons verts et les pommes, nous trouvons entre autres ce dont nos muscles ont besoin.

Nos **dents et nos gencives** ont besoin de vitamines A, C et D. Si nous consommons de la mangue, du melon, de la papaye, du brocoli, des carottes, de la citrouille et des rayons de soleil, nous sommes bien servis. Maintenant, c'est une idée amusante de savoir comment vous allez manger des rayons de soleil, mais il suffit de faire une bonne promenade en plein air tous les jours.

Pour votre **foie**, vous pouvez vous préparer des betteraves, des pommes, des artichauts, des radis et d'autres fruits. Je suis persuadé que vous avez déjà de bonnes recettes en tête.

Votre **bile** se trouve sous le foie et aide le foie à digérer les graisses. Elle a besoin de beaucoup d'eau et de fruits à forte teneur en eau, ainsi que d'huile d'olive, d'huile de lin et plus encore.

Si vous mangez de temps en temps du chou-rave, du céleri, des noix et des baies, ainsi que mon préféré, le brocoli, vos **reins** seront approvisionnés car ils ont besoin de vitamines B 6, D, E, et C.

Le brocoli est un légume polyvalent, ce légume a beaucoup de vitamines fantastiques dont nous avons besoin. Maintenant, vous allez peut-être dire que vous n'aimez pas trop les légumes, ou peut-être même que vous ne les supportez pas, et je peux vous dire que plus vous en nourrissez votre corps, mieux vous les supportez. Notre corps se déshabitue, mais il s'habitue aussi. Nous sommes donc changeants et pour avoir une base saine et une base d'auto-guérison en général, il est indispensable d'avoir un mode de vie sain. Et si vous n'avez fait qu'en lire jusqu'à présent, commencez dès maintenant ! Petit à petit. Chaque jour un peu plus.

DE BONS JEUX D'ESPRIT

Au fond, tout ce que vous dites et pensez est une affirmation, c'est-à-dire une idée. Et si vous y réfléchissez, vous remarquerez peut-être que vous parlez ou pensez souvent de manière assez négative dans la vie quotidienne. Cela ne peut pas vous apporter de bonnes expériences. Adoptons plutôt des affirmations positives et créons de nouveaux mondes. Il ne vous sert à rien de dénoncer ce qui vous déplaît, car cela ne changera pas ce qui ne vous convient pas. Essayez plutôt d'exprimer clairement les désirs que vous avez. Si vous utilisez une affirmation pour la première fois, elle ne vous semblera pas vraie. Mais devriez-vous utiliser cette affirmation si elle était déjà vraie ? Regardez ! Les bonnes idées et les jeux d'esprit sont comme des graines qui poussent dans notre terre. D'abord elles germent, puis elles prennent racine, puis elles sortent du sol. Comme vous pouvez l'imaginer, il faut du temps pour qu'elles deviennent des plantes à part entière. Et il en va de l'affirmation comme de l'auto-guérison. Il faut de la patience.

Prenez le risque d'être différent.

Évitez le stress : nos défenses immunitaires sont affaiblies par un stress excessif. Les hormones de stress appelées cortisol, entre autres, sont sécrétées par le corps ou une grande quantité de certains messagers immunitaires circule dans le sang, les deux favorisant une plus grande sensibilité aux infections et aux maladies cardiovasculaires. Évitez donc autant que possible le stress, par exemple en vous accordant de petites pauses régulières. Vous pouvez également vous détendre en prenant conscience que vous n'êtes pas le seul à porter un énorme sac à dos, qui contient probablement de nombreuses choses que vous portez pour les autres. Donnez du travail. Laissez quelqu'un d'autre faire le travail que quelqu'un d'autre peut faire, simplifiez votre quotidien. Vous avez le droit de le faire et vous pouvez le mériter. Soyez attentif à vous-même et voyez ce que vous pouvez supprimer de votre agenda en toute confiance. Vous voyez, il n'y a pas de petit détour pour être en bon contact avec soi-même. Les émotions négatives réprimées, la peur, la colère et la tristesse sont également source de stress si elles doivent être constamment réprimées.

Apprenez le training autogène, le yoga, la méditation, le qigong, le tai-chi ou la relaxation musculaire progressive. Vous méritez de pouvoir vous détendre de temps en temps, car cela a un effet positif sur votre système immunitaire. Lorsque vous pratiquez le yoga, la méditation ou le qigong, vous vous rendez compte que votre respiration est extrêmement importante. Cela vous fera prendre conscience que notre corps respire, mais que nous pouvons aussi avoir le souffle coupé ; nous nous laissons aller à de mauvaises pensées ou émotions. Il est conseillé d'agir contre le blocage de la respiration, et là encore, il existe diverses techniques de respiration.

Essayez par exemple celle-ci : Vous inspirez et expirez profondément 5 fois, en sentant votre respiration remplir votre poitrine et de plus en plus votre ventre. Veillez à respirer dans votre ventre. Remarquez comment votre abdomen se soulève et s'abaisse.

Ensuite, pour chaque inspiration, bouchez une narine avec l'index de chaque côté. Retenez l'air inspiré, changez de côté, vous maintenez maintenant l'index de l'autre main sur la narine qui vient d'inspirer. Faites de même 5 fois. Comment vous sentez-vous ? Si vous remarquez que l'odeur de votre environnement pourrait être plus agréable, changez cela aussi pour votre prochaine fois. Il existe d'excellentes huiles essentielles que vous pouvez également inhaler. Assurez-vous qu'il s'agit bien d'huiles essentielles pures. Faites-vous plaisir : **ne laissez entrer en vous que des choses qui vous renforcent.**

Et regardez tout de suite dans votre tête ce qu'elle pense, car c'est aussi un fait qui stabilise ou réduit l'immunité. Celui qui pense de mauvaises choses va mal - à long terme. Même si vous vous retrouvez de temps en temps dans des situations désagréables, ne donnez pas trop de force à ce qui est désagréable. Chaque fois que vous vous énervez, vous affaiblissez votre système immunitaire et la situation reste malgré tout telle qu'elle est.

Soyez reconnaissant pour tous les défis que vous rencontrez dans votre vie et voyez comment vous pouvez vous soulager en imaginant une situation qui n'est pas agréable pour vous. Cela pourrait ressembler à ceci

Mettez-vous mentalement dans une situation dans laquelle vous vous sentez bien. Une promenade en forêt, une baignade dans un lac. Vous savez ce que vous aimez, alors retenez-le, créez-en une belle image intérieure et appelez-le votre propre lieu de bien-être intérieur secret.

Renoncez à la nicotine et à l'alcool. Tous deux sont des poisons pour notre corps, ils altèrent les fonctions cellulaires et organiques et favorisent donc le cancer.

Riez, et **riez** sereinement, de toutes vos forces. Achetez peut-être un CD de yoga du rire ou participez à des groupes de yoga du rire, vous remarquerez que c'est un vrai plaisir. Un rire joyeux et chaleureux renforce le système immunitaire, pas un rire anxieux ou honteux. Un rire joyeux augmente l'activité des anticorps, un groupe de globules blancs.

Chantez ! Non seulement le chant améliore l'humeur, mais il réduit également le niveau de stress. Les cytokines (messagers chimiques) sont activées, ce qui rend les défenses de l'organisme plus efficaces contre les agents pathogènes et les cellules tumorales. Les messagers immunitaires qui favorisent l'inflammation diminuent pendant que vous chantez.

Dormez suffisamment. C'est pendant la nuit que les défenses de l'organisme récupèrent le plus efficacement. Six à neuf heures de sommeil par nuit vous protègent, mais trop de sommeil favorise la dépression. Si vous avez des difficultés à vous endormir ou à rester endormi, veillez à avoir une bonne hygiène de sommeil. Décidez claire-ment d'aller vous coucher maintenant, mettez votre téléphone de côté, éteignez-le. Vous pouvez vous permettre de ne pas être joignable pendant votre sommeil et d'avoir simplement du temps pour vous. Préparez-vous votre thé préféré, ouv-rez votre fenêtre et laissez entrer l'air frais dans votre chambre pendant 15 minutes. Votre lit est-il confortable et agréable ? Aimez-vous votre literie ? Est-il suffisamment moelleux ? Votre matelas est-il adapté à votre morphologie ? Avez-vous suf-fisamment d'espace pour dormir ? Si oui, je vous recommande d'écouter un CD de méditation sur le sommeil. Cela vous aidera à vous calmer et à vous endormir en douceur, et vous aimerez peut-être aussi l'hypnose. Faites l'expérience de la vie. Votre vie est très particulière et n'est pas comparable à celle de votre partenaire ou de votre voisin, vous pouvez avoir vos propres aides, que ce soit un CD pour vous endormir ou une réunion régulière de yoga du rire.

Personne n'a besoin de comprendre, vous avez juste besoin de savoir ce que vous aimez, et se sentir en meilleure santé, plus actif et plus léger, c'est fantastique, non ?

Faites de l'exercice physique. Pourquoi ne pas faire régulièrement une belle promenade dans la forêt voisine ? Il ne s'agit pas ici d'un entraînement surmené, de salles de sport ou de quoi que ce soit d'autre. La simple promenade est la chose la plus saine que nous, êtres humains, puissions faire. Le jogging, en revanche, est très éprouvant pour les articulations, un entraînement peu fréquent mais intensif a également tendance à avoir un effet négatif, alors pourquoi ne pas simplement aller régulièrement dans la forêt, respirer profondément et écouter les sons de la nature lors d'une belle et longue promenade ? (Veuillez vous souvenir d'où vous êtes venu pour pouvoir également retrouver votre chemin).

Profitez dès maintenant du soleil matinal pour vous mettre de bonne humeur. Laissez-vous enchanter par votre force, soyez reconnaissant pour ce merveilleux spectacle. Levez-vous toujours le matin avec une pensée reconnaissante. Vous pouvez vous y entraîner. Dites-vous simplement quelques belles choses chaque matin alors que vous êtes encore au lit. Arrivez simplement consciemment dans cette nouvelle journée et accueillez-la. Notre corps a besoin des UVB du soleil pour produire de la vitamine D. Non seulement pour des os solides, mais aussi pour un système immunitaire intact. Mangez des aliments riches en vitamine D et passez du temps à l'extérieur. Il n'est pas nécessaire d'acheter systématiquement un supplément de vitamine D. Il ne s'agit pas ici de redevenir dépendant de XY, dans lequel de nombreuses préparations trouvent leur place chez vous et vous prenez des vitamines sous forme de comprimés le matin ou autre, il s'agit ici d'une décision claire en faveur d'une vie saine, active, joyeuse et pleine de joie de vivre, qui maintiendra votre système immunitaire stable. En fait, la première étape de l'autoguérison se produit d'elle-même, sans que l'on s'en aperçoive, et se renouvelle sans cesse. Nous pouvons être très reconnaissants à notre corps d'être aussi grandiose.

Offrez à votre corps des douches alternées ou allez vous rafraîchir dans un lac. Vous pouvez vous baigner uniquement en été, mais ce n'est pas obligatoire. Vous pouvez également le faire pendant les mois les plus froids et vous endurcirez ainsi votre corps. Vous remarquerez que vous respirez différemment en raison de la fraîcheur, ce que vous pouvez également faire en toute conscience. Que diriez-vous d'inspirer et d'expirer profondément dix fois, puis de retenir votre souffle aussi longtemps que vous le pouvez ? Puis plongez dans la fraîcheur. Vous vous sentirez plus vivant que jamais. Il est important de se sécher rapidement après et de s'habiller suffisamment chaudement.

Les jours de grande chaleur, évitez de vous rafraîchir avec de l'eau très froide, cela ne ferait que vous faire transpirer davantage. L'eau tiède et l'arrosage Kneipp des genoux nous conviennent mieux ces jours-là.

Vous ne connaissez pas l'arrosage Kneipp des genoux ? Le voici :

Vous faites passer un jet d'eau douce et froide du petit orteil droit sur le mollet jusqu'à une largeur de main au-dessus de votre genou, vous y restez cinq secondes et laissez le jet d'eau se déplacer à l'intérieur de la jambe jusqu'au pied. N'oubliez pas l'autre jambe, sinon elle sera triste.

Habillez-vous de manière à vous sentir à l'aise et protégé. Vos vêtements doivent être suffisamment chauds, pratiques et, bien sûr, vous devez les aimer. Mais évitez les hauts qui laissent apparaître le ventre en hiver.

Quelle est la quantité de liquide que vous consommez ? Combien buvez-vous et quoi ? L'eau gazeuse rend votre milieu gastrique légèrement plus acide par rapport à l'eau plate. Essayez de vous réhabituer progressivement. Vous n'avez pas besoin de cette eau pétillante. C'est juste une addiction latente, ce picotement dans le ventre. Mais vous et votre corps n'en avez pas besoin. L'eau plate et le thé sont bien plus sains pour nous comme base de départ. Buvez donc un demi-litre d'eau dès le matin au réveil. Votre corps sera ainsi bien approvisionné et rempli dès le matin. Le jus n'est pas directement considéré comme une boisson. Les jus appartiennent à la catégorie des aliments. Vous ne pouvez donc pas faire le plein d'eau avec du jus, mais vous pouvez ajouter un peu de jus à votre eau pour lui donner un peu de goût, ou simplement presser un citron le matin et mélanger le jus à un demi-litre d'eau. Votre corps en sera ravi.

Il est important d'avoir une alimentation équilibrée, riche en fibres, en fruits et légumes frais, en algues et en graisses végétales, ainsi qu'en produits à base de céréales complètes. Si vous n'avez pas une alimentation équilibrée, il vous manque un must-have pour un mode de vie sain, c'est-à-dire un outil de base pour l'autoguérison.

Je vous montre dans la liste suivante quels sont les nutriments particulièrement importants :

• éléments constitutifs des protéines (acides aminés) : Noix, légumineuses (comme les haricots, les lentilles, les graines de soja)

• Cuivre : noix, céréales complètes, légumineuses, cacao

- acide folique : levure, germe de blé, lentilles, légumes à feuilles vert foncé, persil, cresson de jardin, graines de tournesol, cacahuètes
- le fer : Légumineuses, avoine
- Zinc : maïs, légumineuses, céréales complètes
- Sélénium : Noix, asperges, champignons, choux-légumes
- Bêta-carotène (précurseur de la vitamine A) : Carottes, épinards, poivrons, brocolis, cerises, pamplemousses, patates douces.
- vitamine B6 : pommes de terre, noix, avocat
- vitamine C : acérola, cynorrhodon, argousier, cassis, agrumes, choux, légumes, persil, ail des ours
- Vitamine E : noix, huiles végétales, patates douces
- Vitamine D : champignons comestibles
- Acides gras oméga-3 : algues et huiles végétales

N'hésitez pas à continuer à écrire cette liste s'il vous manque quelque chose. Vous pouvez le faire. Utilisez votre curiosité pour apprendre de nouvelles choses et vous redécouvrir.

Le voyage avec moi est maintenant terminé. J'espère que j'ai pu vous donner quelques moments utiles que vous pouvez maintenant utiliser pour vous-même. D'une manière ou d'une autre, vous avez tout à fait le droit de transformer les choses comme vous le souhaitez. Et sachez que c'est un voyage qui durera toute votre vie.

Une connexion amicale et aimante avec vous-même, votre corps et votre environnement n'est pas soudainement réelle sur une simple pensée, c'est un processus continu.

Je suis heureux que vous ayez décidé de faire un bout de chemin avec moi. Tous mes vœux de bonheur et de bénédiction salutaire !